사진_ 윤기중

비데의 꿈은 분수다

애지시선 043

비데의 꿈은 분수다

2012년 9월 25일 초판 1쇄 발행

지은이 정덕재
펴낸이 윤영진
편　집 함순례
디자인 함광일 이경훈
홍　보 한천규
펴낸곳 도서출판 애지
등　록 제 2005-5호
주　소 300 -170 대전광역시 동구 삼성동 125-2 4층
전　화 042 637 9942
팩　스 042 635 9941
전자우편 ejiweb@hanmail.net

ISBN 978-89-92219-38-9　03810

* 이 시집은 (재)대전문화재단의 사업비 일부를 지원받았습니다.

애지시선 043

비데의 꿈은 분수다

정덕재 시집

□ 시인의 말

얼굴을 쓰다듬고, 옷깃을 여미게 하고, 나뭇잎을 잠재우는 자장가가 되고, 통제할 수 없는 유행으로 다가오고, 분노의 함성으로 들끓게 하고, 때로는 강과 바다를 뒤엎는 공포를 품고 온다

바람은 그렇게 온다
詩처럼
詩답게

그래서 시인들은 바람의 뼈와 결, 눈물과 칼날을 본다

세상이 하도 복잡하고 눈부셔서
비데에서 부는 건조기능의 바람도
이제는 바람의 족보에 포함시킬 일이다
그 것 참…

2012년 초가을

정덕재

차례

제2부

제3부

제4부

제1부

비데의 꿈

불과 10센티미터 높이로
물을 쏘아 올리는 너는
변기 밖으로 튀어나가지 못하고
늘 항문 언저리에 부딪히며 흩어지는 운명이다
변기에 앉아 노래를 부르면
공원의 음악분수가 되고
유연하게 떨어지는 포물선이 되고
가끔은 처마 밑
물방울의 여운을 그리워하는
너는 10센티미터 분수다

속

속이 쓰리다
그 속이 어느 속인지도 모르고
보령제약 겔포스를 먹는다
특허 받은 위장약 겔포스는
인산알루미늄겔과 수산화마그네슘
시메티콘과 파라옥시젠조산메틸이 주원료다
이름도 생소한 것들이
사람 속을 어찌 알고 달래는 것일까
보듬고 어루만지며
속을 달래는 하얀 액체는
아침 공복의 고통을 다루는
기술이 탁월하다
속 쓰린 사연들을
어떻게 아는지

겔포스
너는 진정한 스토리텔러다

公衆道德詩 1

— 엘리베이터에서

문이 열리자마자 들어와
올라가는지
내려가는지 묻는다
타자마자
핸드폰을 꺼내고
5층 올라가는 중이라고 말하는 순간
7층이라며 수정하고
11층이라고 말하는 순간
10층에 섰다며 생중계를 하는 아줌마

수직 이동하는 말은
엘리베이터 줄에 매달려
녹슨 신음을 내고 있다

명함

음식점에서 김치찌개를 먹는데
돼지고기를 민망할 정도로 가득 담아
내 앞에 놓아주던 사람
밥값을 내는 줄 알았는데
잘 먹었다는 인사를 먼저 건넨 놈
크림 스파게티가 맛있다며
우리를 2층 레스토랑으로 안내한 영업직 여사원
마담이 예쁘다며 비싼 술집에 데려간 뒤
꾸벅꾸벅 졸다가 사라진 새끼
발목의 푸른 핏줄이 투명하고
구두 위로 드러난 복사뼈가 예쁜 어떤 여자
횡단보도 앞 은행나무 아래에서
악수를 했던 가발 쓴 남자

사무실 책상 한구석 쌓여 있는 명함 사이로
떠오르는 사람은
열에 두셋쯤

누굴까 누굴까
고개를 갸웃거리다가
휴지통에 떨어지는 낙엽
창 밖 횡단보도 앞 사람들 발밑에
노란 은행잎이 널려 있다

손목터널증후군

오른손 검지로 클릭할 때마다
손등이 꿈틀거린다
하루에도 수백 번 클릭을 당하는
핏줄
가끔은 경련을 일으키는 혈관 속으로
모니터 위 속보들이
스며 들어간다
혈관을 타고 흐르는
사연이 돌고 돌아
머리를 갸우뚱거리게 하고
눈을 커지게 하고
아랫도리를 불끈 일어나게 만든다
세상은 검지손가락 하나로
내게로 들어온다

저녁 무렵 손가락과 손목이 뻐근해지면
온몸을 떠돌던 소문이

혈관을 탈출하려 애를 쓰고
갈수록 증상이 심해지는
손목터널증후군

내게 많은 충전기

내 방에 휴대폰 충전기
옆에 면도기 충전기
그 밑에는 카메라 충전기
아이방 전자사전 아래에 휴대폰
안방에 MP3
집안에 콘센트가 모자라
멀티탭이라 부르는 돼지코가
방마다 서너 개는 기본
대여섯 개도 부족하다

밤늦게 술에 취해 쓰러지면서
손가락이라도 꽂고 싶지만
빈 구멍은 없고
방전된 몸 위로
깜빡 깜빡
흔들흔들
꺼진 불빛만 맴돈다

남아있는 말

어제 풀어놓은 줄이
어느새 얽혀있다
전화기 발명만큼 기발한 것이
꼬불꼬불 늘어지는 줄이다
말은 굽은 통로를 쉴 새 없이 돌아
메아리치는 이명증세가 나타나고
끊임없이 도는 말이
말이 되기도 하고
안 되기도 하고
수시로 전화기 줄이 얽혀있는 건
그놈의 말 때문이다
풀어도 풀리지 않는 말 안에 줄

생각이 꼬리를 무는 긴 외출

라면을 끓여먹고
거실에 누워 있다가 주방에 갔다
가스밸브는 잠겨 있었다
잠갔구나

3층 계단을 내려오다가
다시 4층으로 올라갔다
아파트 현관문은 잠겨 있었다
잠갔구나

술잔을 기울이는데
한 녀석이 주정을 계속하고
참을 만큼 참다가
욕을 해버렸다
드디어 입을 잠갔구나

술 취한 손으로 문을 두드려도

벨을 눌러도
인기척이 없고
문은 열리지 않았다
잠갔구나
꼭 잠겨 있구나

삼겹살집 손수건

장맛비가 내리던 6월 말, 돈 장사를 하는 상규와 보험 일을 하는 동식이와 삼겹살집에 갔다 석 달 만이다 벽걸이 선풍기가 숨차게 돌아간다 서수남 하청일이 광고하던 한일자동펌프, 그 회사에서 나온 선풍기다 우리는 선풍기 가까이 앉았다 여름이면 도지는 사타구니 가려움증 때문에 자연스럽게 긁기 시작했다 물수건과 물컵을 내려놓는 아줌마의 젖가슴을 3초가량 보았다 검정색 브래지어다 사타구니를 더욱 열심히 그리고 부지런히 긁었다 옆자리에 앉아 있는 상규는 물수건으로 맨발을 닦는다 발가락 사이사이 꼼꼼하게 앞에 앉은 동식이는 넥타이를 풀고 모가지를 닦고 이어서 이마를 닦고 이어서 귀를 닦다가 물수건 하나를 더 달라며 소리쳤다 "두 개요" 상규가 조금 나직한 목소리로 후렴구를 달았다 흘낏 쳐다보는 아줌마는 여러 개의 물수건으로 식탁을 닦고 있었다

화장실에서

화장실 변기에 앉아 있는데
밖에서
내가 잘 아는 사람 험담하는 얘기가 들려
나가지도 못하고
냄새만 맡고 있다가
와락
물을 내렸다

짧은 폭포와 함께
급하게 문 열리는 소리가 들리고
미처 나가지 못한 서너 마디의 말이
삐걱대는 경첩에 끼어
문은 닫히지 않는다

비데, 바람의 족보에 오를 때

고향은 북태평양 저기압이 아니다
일본과 중국을 고민하다가
우리나라 서해안을 관통하는 태풍의 행로는
오락가락하지만
비데의 바람은 가슴으로 끌어안을 수 있는
변기 안에서만 소용돌이 친다
탄생인지 생산인지 알기 힘든 바람은
갯바람
건들바람
하늬바람
높새바람
산바람
선들바람과 같은
수많은 바람의 족보에
함께 오를 때가 되었다
통계청의 인구주택총조사 항목에도
화장실에서 바람이 부는지 여부를

넣어야 할 때
바람은 탄생이 아니라 생산이고
배설의 끝은 보송보송한 항문 괄약근의
상쾌한 단련이다

고등어

고등어 4킬로그램은 기본 여기에다 제주 은갈치 10마리에 국내산 참조기 30마리를 더 드립니다 선택이 아니라 필수입니다 최대 62마리 4월의 마지막 기회입니다 더 이상 이런 구성 이런 가격을 만날 수 없을 겁니다 죄송합니다 주문 전화가 많이 와 상담이 지연되고 있습니다 ARS 전화를 이용하시면 천 원을 할인 받을 수 있습니다

은비늘이 눈부시다 날렵하게 생긴 그대는 옆 채널에서 팔고 있는 여성복의 모델을 닮아 있다 다리가 긴 모델은 엉덩이를 실룩거리며 걷는다 제주 은갈치 몇 마리가 걸어 다니면서 다양한 포즈를 취하고 있다 어느새 전화기가 들려있는 손에서 비린내가 난다

종이컵

커피를 마시며 담배를 피운다
커피를 다 마시고 난 뒤
빈 컵은 재떨이가 된다
재를 털고
회색빛 짙은 가래를 뱉고
가끔은 이쑤시개를 넣거나
껌을 뱉는다

버려지는 것들을 담아서
또다시 버려지는 종이컵
종이는 젖고
컵은 구겨진다

포스트잇

책상 앞 컴퓨터 주변에 붙어 있는
포스트잇에는 여러 개의 전화번호와
날짜들이 적혀 있다
몇 개는 일 년 내내 그 자리에 있고
몇 장은 이삼일가량 붙어있고
또 몇 개는 두 겹으로 붙어 있고
가끔은 무슨 내용인지 무슨 약속인지
기억이 나지 않는 포스트잇
책상 앞에서 긴 한숨이라도 내뿜으면
관계가 흔들리고
만남이 흔들리는
노란 포스트잇

떨어져도 그만
붙어 있으면 다행인 약속들이
낙엽처럼 질 때
책상은 우수수 깊은 가을이다

제2부

고개를 숙이다 1

— 목 잘린 외계인의 등장을 규명하라

3번과 4번 경추의 피곤을 호소하는
사람들이 늘고 있는 건
고개를 숙이는 사람이 많아졌기 때문이다
뒤에서 보면
목이 없는 외계인들이 도시를 점령한 듯
거리에는 고개를 숙인 사람들이 무수히 떠다닌다

지하철이나
시내버스 의자에 앉으면
사람들은 고개를 숙인다
목을 접는 심리적 이유는
세상에 대한 두려움이니
사람들과 눈을 마주치기 꺼려해서다
때로는 심리적 위축감이
주눅이 든 모습으로 나타난다지만
원인은 분명 휴대폰이다

외계의 목 잘린 존재가 걸어 다니는 이유를
전염병처럼 고개 숙이는 이유를
이제는
SK와 KT와 LG가 규명할 일이다
특허소송을 벌이고 있는
삼성과 애플의 고소장에
무한책임의 보상도 끼워 넣을 일이다

고개를 숙이다 2

— 디지털 묵상의 시대에 부쳐

남녀노소 할 것 없이
고개를 숙였던 시대가 언제였던가
일제강점기 폭압 앞에서도
고개를 숙이지 않고 세수를 했다는 기개는
어디 갔는가

고등학교 때
화장실에서 담배를 피우다 들켜
몽둥이를 든 선생 앞에서
잠시 고개를 숙였거나
대학 때
미팅에 나온 여대생 발톱에 칠해진
검정색 페티큐어를 흘낏거리느라
잠시 고개를 숙였거나

남녀노소 할 것 없이
고개를 숙인 채

묵상도 아니고
겸손도 아닌
포즈로 바라보는 건
내 몸의 일부인 휴대폰이다

고개를 숙이다 3

— 내 삶의 충전이 휴가가 아니라, 충전을 확인하는 휴가

한 여름 전력소비가 급증해 정전이 됐을 때
에어컨 선풍기 냉장고보다
더욱 걱정되는 것은
휴대폰 충전이다

휴가를 떠날 때 가장 먼저 챙기는 것은
지도나 칫솔 수건 속옷이 아니라
휴대폰 충전기다

숙소에 도착해
가장 빨리 확인하는 것은
특산 별미나
볼만한 관광명소가 아니라
휴대폰 충전기를 꽂을
플러그 숫자다

고개를 숙이다 4

— 음식 먹기 전 기도보다 먼저 하는 스마트한 의식

갈치구이 백반 앞에서
된장찌개 냄새를 맡기 전에
1인당 5만원씩 하는 한정식 밥상 앞에서
모처럼 얻어먹는 A코스 일식요리의 접시를 내 앞으로 옮기기 전에
돼지 냄새 진하게 나는 5일장 국밥집에서
안주보다 먼저 나오는 소주병을 따기에 앞서서
술 취한 술집 주인이 술잔을 돌리기 전에

고개를 숙이고 두 손을 맞잡은 채
"주여, 일용할 양식을 주심을 감사합니다
이 음식을 먹고 몸과 마음이 건강해지게 해 주시옵소서"
감사의 기도보다 먼저 하는 건
휴대폰 인증샷

음식 모양이 흩어지기 전에

열기가 날아가기 전에
누군가 잽싸게 젓가락을 들기 전에
가장 먼저 휴대폰 촬영을 하는 건
음식에 대한 예의와
식당에서의 에티켓
그리고 요리사에 대한 위대한 존경이자
빼놓을 수 없는 스마트한 의식이다

고개를 숙이다 5

— 깜깜한 기억의 지도, 이른바 디지털 치매

일주일에도 서너 차례 전화하는
친구의 전화번호를 외우지 못한다
동네 슈퍼마켓 앞에서 마신
캔맥주에 취기가 올라와도
휴대폰을 집에 두고 온 까닭에
가까운 거리에 살고 있는
선배를 부르지 못한다

술 몇 잔 힘을 빌어도
두 달 전 헤어진 애인을
부르지 못하는 건
단지 휴대폰을 집에 두고 왔기 때문이다

풍경과 기억은
휴대폰 액정화면을 통해서만
재생할 뿐

나는 지금
깜깜한 기억의 지도 위에서
행방불명 중이다

고개를 숙이다 6

— 편지가 오면 가슴보다 먼저 떨리는 허벅지

대전둔산우체국 옆에는
황동규의 시 「즐거운 편지」를
동판으로 새긴 시비가 서 있다

시비 옆에 있는 벤치에 앉아
핸드폰 화면 위에
편지를 쓴다

오토바이를 타고 달려가는 집배원의
엔진소리 사이로
답장을 알리는 진동이 울리고
떨리는 건
가슴이 아니라
바지 주머니 속 휴대폰이다

허벅지 안쪽 성감대를
진하게 울리는 편지는

늘 일정한 진동으로
나를 감동시킨다
어쩌다 가끔은 홍분으로

고개를 숙이다 7

— 비 오는 날의 음주실황중계

비 오는 날
동네 술집을 어슬렁거리면
아는 사람들 만나곤 했는데

비 오는 날
전화 한통 걸려오면
술집에 친구들 기다리고 있었는데

비 오는 날
휴대폰 문자 하나로
그때 그 술집에 모여들곤 했는데

비 오는 날
페이스북이나 트위터에
군침 도는 파전 사진을 올려 알리는
번개모임

스마트폰에 수시로 올라오는
음주실황중계 덕분에
그 집에 가지 않아도
누가 왔는지
어떤 안주를 먹고 있는지 금방 알 수 있지만
보기 싫은 놈 있어
그냥 간간이 휴대폰만 살피는
비 오는 날

고개를 숙이다 8
— 전화로 전화기 찾기

휴대폰에 작은 안테나가 있을 때는
수시로 귀를 파는데 요긴했다
언젠가부터 안테나가 없어지고
언젠가부터 수시로 전화기를 찾는다

책상 위 인터넷전화로
거실의 KT 유선전화로
휴대폰을 찾는 벨소리

전화로 휴대폰을 찾는 거실에서
자주 메아리가 울린다

술 마신 밤, 직장인이 대전에서 시 외곽으로 귀가하는 방법

1차에 족발집
2차로 치킨에 맥주 몇 잔
3차는 노래방
목로주점, 가는 세월, 어디쯤 가고 있을까
그리고 북한강에서
서너 곡 부르다가
혼자 지치고
정신이 조금 남아 있으면 대리운전
기억도 없으면 분명 택시일게다

다음날
주머니 여기저기 천 원짜리 몇장
만원 한 장
길 찾기 퍼즐놀이로
머리는 온종일 지끈지끈 아프다
머리를 의자에 찧으며
대전과 계룡시 구간을

몇 번씩 왕복해도
만원 밖에 남아 있지 않은 이유를
찾지 못한다

술 마신 밤, 시인이 대전에서 시 외곽으로 귀가하는 방법 1

대리운전을 하고 가는 방법은 단순하고
택시를 타면 정신을 놓아버리고

대전시청역에서 지하철을 타고
일곱 정거장을 지난 뒤
현충원역에 내려
1시간 20분마다 오는 계룡시행 48번 버스를 기다린다
승강장에 설치돼 있는
최첨단 ITS 시스템이
충남대를 출발
유성을 지나
5분 후 진입 예정이라는 시간을
친절하게 알려준다

그렁그렁 해소 기침 소리를 내며
힘겹게 계룡산을 오르는 시내버스 안에서
술 취한 눈에 들어오는

밀목재 풍경은
그저 밤이다

떨어지는 나뭇잎 하나
그 위에 실린 바람 한 점
모두 감출 수 있는 참으로 깜깜한 밤이다

술 마신 밤, 시인이 대전에서 시 외곽으로 귀가하는 방법 2

서대전역에서 계룡역까지
무궁화호 2600원
새마을호 4800원
KTX 8400원
시간은 무궁화호 15분
고속철로 공사가 이뤄지지 않은
저속 KTX는 14분 거리다

무궁화호 식당칸
아니 열차 카페 안에서
밤 차창으로 비치는 자화상을 보며
캔맥주를 들고 건배를 한다

낯익은 얼굴을 보며 실실거리면
차창 밖 그 녀석도 따라서 웃는다
베트남산 쥐포를 뜯어가며
맥주를 비우면

멀리 동네의 반가운 불빛이 들어온다

플랫폼에서
"무궁화꽃이 피었습니다" 하고
작은 목소리로 곱씹은 뒤
뒤를 돌아보면
어느새 가고 있다

들킨 녀석이
멈추지 않고 가고 있다
길 따라 가고 있다

제3부

지방사람 서울 가다

예전에 서울 갈 때
돈은 두 군데의 주머니에 나누어 넣거라
어머니는 당부했다

30여 년이 지난 지금도
서울에 올라갈 때는
지갑 속 현금을
다른 주머니에 나누어 넣는다

4만 원은 뒷주머니에
3만 원은 윗주머니에
점퍼 안에는 신용카드가 든 지갑이 들어 있다

지방주재시인

인디밴드 장기하의 싸구려 커피가 인기란다
독립영화 워낭소리가 인기란다
인디포엠
독립시라는 말을 들어본 적 없는
나는 지방주재시인이다
소주잔 기울이며
아무도 알아주지 않는
그저 술이나 축내는
동네시인 몇몇은
간간이 낡은 술집 주인과 농담을 하며
변방의 영토를 안주 삼는다
가끔 슈퍼마켓 앞에 앉아
캔맥주를 마시고 있으면
길 가는 낡은 술집 주인이 합석한다
지방주재시인의 유일한 독자는
반겨주는 술집 주인뿐,
술집 주인마저 제 술집을 뒤로하고

거리의 파라솔 아래 앉아 있는

이곳은 지방이다

해수욕장 가기 전 선크림도 아니고 80% 할인하는 8월 중순의 반바지도 아니고 책이 총알배송으로

아침에 컴퓨터 마우스로 책장을 넘기며
홈플러스나 이마트 쇼핑카트에 물건을 담듯
주문을 하면
오후에 도착하는 총알배송
종이 상자를 열면
시인이 쓴 여행 관련 책 한 권과
이미 있었던 길에 이름을 붙여
명상의 길이 되어버린
이른바 길 개발서 한 권이
멀미를 하고 있다

총알 탄
자음과 모음
농염한 문장
유유자적 걷는 여행자들의
멀미는

오랫동안 멈추지 않는다

로빈슨 크루소의 정체

대니얼 디포의 장편소설
『로빈슨 크루소』
베고 눕기 좋을 만큼 두툼하다
열린 책들 출판사에서 나온 책이
400페이지가 넘는다
실로 꿰매는 정통적인 사철방식으로 만들어
오랫동안 보관해도 손상되지 않는다는
친절한 설명이
서문보다 먼저 나온다

대화 한 마디 찾기 힘든 고백적인 문체가
머리를 묵직하게 만드는데
문득,
어릴 때 읽었던 백 페이지도 안 되는
로빈슨 크루소는 누구였지 ?
그는 도대체 누구와 대화를 나누었지 ?

원본은 구경도 하지 못한 채
축약본도 아니고 각색본도 아닌
정체불명의 책에 나온
주인공이 과연 로빈슨 크루소였을까

글쎄,
내가 보았던
로빈슨 크루소는 누구였지?

반듯한 그녀의 이름은 내비게이션

낯선 곳으로 탈 없이 인도하고
과속에 대한 경각심을 강하게 심어주고
도착시간을 정확히 예측해주는
그녀 덕분에
안전하고 정확하게 달려간다

길 위에서 생각과 추론은
금물이다
가던 길 되돌아오라는
유턴 지시까지 과감하게 내리는
나의 동반자

길 위에서 다른 길을 찾으려는
수상한 의도와
또 다른 풍경을 그리워하는 마음까지
금세 눈치를 채고
그녀는 항상 반듯한 목소리로

수정지시를 한다
내가 보는 거의 모든 풍경 아래에는
그녀의 목소리가
다큐멘터리 성우처럼 또박또박 흐른다

구토

지난밤 12시까지 술을 처먹었다
새벽녘부터 구토가 시작됐다
몇 시간 동안 위는 참고 참으며
소화를 시키려고 노력했을 것이다
참다못해 쏟아내는 것들을 보니
저녁 7시부터 12시까지 먹은 안주들이 섞여 있다
심하게 구토를 하는 날에는
많게는 다섯 번
새벽부터 점심 무렵까지
변기를 부여잡거나
세면대에 고개를 처박고
창자가 쏟아지지나 않을까 걱정을 한다
쓰린 식도를 타고
올라오는 그것은 슬픔인가
위안인가
불안인가

예의도 없이 술을 먹고 난 다음날은
하루 종일 온몸이 시위를 한다

손톱을 깎으며

거실에 쭈그리고 앉아
손톱을 깎다가
신문을 보다가
튀어나간 손톱조각을 찾다가
또 튈텐데 하며
신문을 보다가
깊게 깎인 손톱 밑을 보니
살점이 붉다
제 살의 붉은 기운이
생각의 통증으로 이어지고
바닥에는
눈썹이 널려 있는데
어, 눈은 없고
신문지만 남아 있네
발가락의 티눈만 굳어 있네

김과장이 암이래, 그래서

마흔 다섯 살 먹은 김과장이
암에 걸려 휴직서를 낸 날
옆자리 앉아 있는 동료는
곱창에 소주 한 잔 하자고 했다

사람들이 수군거린다
지난 인사이동 있을 때 이미 암을 알고 있었다던데
이번에는 승진할 것이라고 하던데

김과장이 휴직서를 낸 날
소금으로 박박 닦아낸다는 곱창이
생각난 이유를
사람들은 말하지 않아도 알고 있다

소파와 잘 어울리는 궁합

소파는
등받이와 팔걸이가 있고
앉는 자리가 푹신하고 두툼해
편하게 쉴 수 있는 긴 의자를 말한다
의자는 앉을 수 있는 자리를 말하지만
소파는 누울 수 있는 자리가 되기도 한다

치킨에는 맥주
삼겹살에는 소주
양주에는 아가씨가 있는 룸이 제격이다

소파와 가장 잘 어울리는 궁합은
텔레비전 리모컨
스포츠와 영화채널
간간이 뉴스채널을 오가며
리모컨을 누를 수 있는
유일한 공간이 소파다

소파와 가장 잘 어울리는 궁합은
리모컨과
피곤이라는 말을 입에 달고 다니는
중년 혹은 장년의 사내들이다

화

욕을 하거나
주먹으로 문을 치다가
발을 들었는데
찰 것이 마땅치 않다

굳건한 철제 책상
며칠째 물을 주지 않아
목을 길게 빼고 있는 蘭
2초 남짓 들었던 발은
잠시나마 분노를 분석한다
발이 본 것은 단단하게 서 있는 책상과
가냘프게 연명하는 잎새

화가 발로 향할 때
판단하고 사유하는 발
세상의 씨발이 그렇게 태어났다

그냥 그런 관계

무엇하냐는 말을 꺼내기가 껄끄러운 자리에서
커피잔을 만지작거리다가
꺼내는 말은 기대를 벗어나지 않는다
저녁은?
아랫배를 쳐다보며 뱉는 저의는 무엇이냐
몸이 좋아졌네!
비아냥인가
아니면 단지 몸이 좋아졌다는 말인가
아이는?
실제로 아이의 안부가 궁금해서인가
아니면,

서너 개의 담배를 태우고 난 자리 위에는
허리가 구부러진 꽁초가 웅크리고 있고
또다시 담배를 꺼내는
내 앞의 당신은 누구인가

돌 속의 바람

길을 걷다가
무심코 걷어찬 돌멩이
다섯 발자국쯤 굴러가는 동안
돌 틈에서 작은 회오리바람이 분다
길 위에 남겨진 사연들이
회오리와 함께 섞여가며
돌은 더욱 단단해진다
단단해질수록
길보다 긴 생애는 자꾸만 뒤를 돌아보고
바람보다 가벼운 돌멩이
바람의 힘으로 굴러간다

말에 대한 테러

샌드위치 사이에
햄버거 안에
칼날이 숨겨져 있다면
물증 없는 독설이나
발 없는 소문을 막으려는
테러 계획이 아닐까
도루코 면도날
혹은 질레트 삼중 면도날이면 더 효과가 있을까

핏물 머금은
말들이 떠돌다가
영혼마저 물들게 하는
면도날 테러 프로젝트

이발소 의자에 누워
면도날 가는 소리 오랜만에 듣는다

개가 있는 골목

밤늦게 개가 짖는 것은
담을 넘는 도둑 때문이 아니라
가끔씩
담 옆의 두런거림이
포옹으로 바뀌는
격정의 풍경 때문임을,
어둠을 가르는 칼날의 도마질 같은
여자의 구두소리가
말줄임표로 찍히는 자정 이후
오래된 골목은 알고 있을 것이다
밤늦게 개가 짖는 이유를

제4부

현우의 휘파람

초등학교 6학년이 된 현우가 휘파람을 불기 시작했다
작년에는 바람을 들이마시더니
얼마 전부터 내뱉는 휘파람을 분다
화장실에서
방안에서
거실에서
휘파람 소리가 수시로 떠돈다
바람으로 소리를 만드는 법을
배우는 아이가
바람이 전하는 낭만
혹은 폭풍을 이해하고 있을까

따분한 상처

학교에서 싸움을 하다가
눈을 정통으로 맞은 아들놈이
응급실 거울을 보며
눈탱이가 밤탱이라고 중얼거린다
벌써 세 번째,
간호사와 의사가 똑같은 질문을 던지고 간다
친구랑 싸웠니
눈을 맞았니
아프니
녀석은 귀찮다는 듯
돌아가는 의사의 뒷모습을 보며
— 그럼, 내가 선생님이랑 싸웠겠어
— 눈탱이를 보면 어디를 맞았는지 모르겠어
— 맞았으니 당연히 아프지

똑같은 질문과 대답이 떠도는 가운데
응급실 한쪽 구석 의자에 앉은 녀석이

휴대폰을 꺼내들고

게임을 시작한다

밤탱이 눈이 반짝거렸다

무량사에 가면 꼭 봐야 할 나무 두 그루

부여에 있는 무량사에 가면
영산전 앞에 있는
주목 두 그루가 눈에 들어온다
몇 년 전 아버지가 심은 나무는
목탁소리를 들으며 훌쩍 자랐다

아마도 그것은 시주였을까

지난겨울 가족들과 함께 찾은
영산전 앞에서
할아버지는 손자에게
먼 훗날 나무를 보면서
당신을 떠올려보라고 말을 건넨다
주목은 풍경소리
발자국 소리와 함께
더욱 짙푸른 빛을 만들어갈 테고
훌쩍 큰 손자는 나뭇가지를 쓰다듬으며
할아버지와 오랫동안 악수를 나눌 것이다

내가 오토바이를 사고 싶은 이유

달리고 싶어
온몸을 끌어안고
세상의 온갖 바람을 막아주는
자기의 넓은 등짝

믿을 수 있는 것은
자기의 허리와
당신 자기의 볼록한 가슴뿐

접대용 바다

아는 사람들이 강릉에 오면
그녀는 어김없이
경포대에 데리고 간다

바닷가에서 할 수 있는 일이라곤
회를 입안에서 녹이며
소주를 붓는 일
그도 아니면
모래바닥을 뛰는 듯 걷는 듯 하며
관습적인 데이트를 하는 일

바다 위로
습관처럼 파도는 밀려오고
그녀는 그 바다를 접대용 바다라고 부른다

교정보는 여자

길을 가다가
뻐드렁니 난 사내

마주치니

뽑고 싶어
미칠 지경이란다

클릭으로 지워지지 않는 부호

컴퓨터 마우스로 글씨를 지우고
한 문단을 붙였다 지웠다를 반복할 때마다
사랑을 쓰려면 연필로 쓰세요 라는
가수 전영록의 노래가 생각난다
사랑을 쓰다가 틀리면 지울 수 있다는 노랫말은
진하게 눌러쓴 연필의 흔적을 남기지만
검지와 중지로 까딱거리는
마우스는 흔적을 남기지 않는다

점심 식사 후 의자에 기대어 조는 직장인처럼
빈 모니터 위에서
꾸벅 꾸벅 졸고 있는 커서는
흔적의 주변과
주변의 흔적을 알고 있다는 듯
모르스 부호를 전달하고 있다

의자의 고난시대와 안락

중학교 3학년 아들 녀석이
방문을 세게 닫아버리자마자
한바탕 소리가 난다
분명 의자를 걷어차는 소리일 것이다
의자의 고난시대는 중학교 1학년때 시작되었다
의자의 팔걸이가 구부러지고
등받이가 휘어지고
바퀴가 멈춰선 채 움직이지 않기도 하고
의자의 고난시대는 현재진행형이다
한 번은 거실 소파를 걷어차다가
발등의 뼈가 금이 가는 바람에
목발을 짚은 채 네 개의 다리로 걷기도 했다
두 다리의 직립과
네 개의 균형을 아는지 모르는지
목발은 펜싱선수의 검이 되고
저격수의 총이 되고
그저 그런 유쾌한 장난감으로 전락했다

태초의 의자는
기댈 수 있는 들판의 언덕이거나
나무토막이었을 것이다
인류의 직립보행이 의자를 만들었고
넘볼 수 없는 자리의 상징으로
더욱 굳건해졌다
많은 사람들이 의자에 앉기 위해
핏빛 칼날을 닦았고
윈체스터 장총의 화약 냄새나는
서부활극을 펼치기도 했다
의자의 주인은 수시로 바뀌었고
의자 역시 그 모양을 바꾸어 나갔다

해가 떨어진 저녁
동네에서 가장 안락한 의자는
슈퍼마켓 파라솔 앞에 있는 플라스틱 의자다

동네사람 두세 명이 둘러앉아
대한민국 국회의사당 의자를 고정시킨 이유가
집어던지는 것을 막기 위해서라는
잡담을 안주삼아 캔맥주를 마신다
맥주 캔이 하나 둘 늘어나고
꼭 종이컵을 고집하는 취객의 잔이
젖을 대로 젖어도
슈퍼마켓 앞 플라스틱 의자는
지친 사람의 등을 꿋꿋하게 받치고 있다

25층짜리 유리건물에 반사되는 빛을 보다가 시 「유리창」을 쓴 정지용을 떠올리다

아래는 정지용의 시 「유리창 1」의 일부다

유리에 차고 슬픈 것이 어른거린다.
열없이 붙어 서서 입김을 흐리우니
길들은 양 언 날개를 파닥거린다.
지우고 보고 지우고 보아도
새까만 밤이 밀려나가고 밀려와 부딪히고,
물 먹은 별이, 반짝, 보석처럼 박힌다.

유리 소재로 만든 것 중에
시와 노래에 가장 많이 등장하는 건
유리그릇이나 유리잔이 아닌
유리창이다

유리로 창을 만들고
유리로 벽을 만들어
창과 벽이 구분되지 않는 유리건물을 보면

차고 슬픈 것이 어른거리는 게
창인지 벽인지
새까만 밤이 밀려나가고 밀려와 부딪히는 게
창인지 벽인지 알지 못한다

열려 있으면 창이고
열리지 않으면 벽일 뿐
슬픈 풍경이 창 너머로 보이고
벽 안에 갇혀 있는 건
풍경보다 더 고달픈 화자다

창으로 바라보던 세상은
벽을 뚫고 바라볼 수 있다는 것을
혹시 정지용은 알고 있었을까

자동차 유리창에 썬팅을 한 뒤 시 「유리창」을 쓴 정지용을 떠올리다

새 자동차를 산 뒤
가장 먼저 치장하는 게
차창을 가리는 썬팅이다
열차단 75%
투과율 35%
자외선 차단율 99%
멀리 무겁게 내려앉아 있는
숲의 고독 속으로 다가가기 위해
차창을 내리면
초록의 강한 엽록소 냄새가
황급히 밀려든다
걱정어린 낯빛의 묘한 섹시미를 따라가며
차창을 내리면
웃을 때마다 솜털이 날리는 맑은 표정이
당황스럽다

얼골 하나야

손바닥 둘로
폭 가리지만,

보고 싶은 마음
호수만 하니
눈 감을 밖에.

— 정지용의 시 「호수 1」

옥천 국도변
천리길을 향해가는 금강물에
그리움이 깊어져
눈을 감는 것이 아니라
열차단과 투과율과
자외선 차단율이 만들어낸
우울 때문에
지용은 눈을 감을 것이다

계단의 연애와 에스컬레이터의 애무

동네 시멘트 계단에서
가위 바위 보를 하며
한 계단씩 올라갔던 놀이는
고전적 연애의 이벤트였다

에스컬레이터를 나란히 타고
그녀의 허리를 감싸 안은 그놈이
간간이 그녀의 얼굴에 키스를 하는 것은
문명의 일상이 만들어낸
습관성 표현이다

계단에 앉아
오르막 길 오르는 사람의 얼굴을 보며
두런 두런 얘기를 나누던 연애는
상상을 뛰어넘는 스토리텔링이었다

에스컬레이터를 나란히 타고

그녀의 허리를 감싸 안은 그놈이
간간이 그녀의 엉덩이를 쓰다듬으며
바라보고 있는 건
다섯 계단 앞에 서 있는
짧은 치마의 눈부신 하반신이다

CCTV로 바라본 보호관찰대상자

아파트 경비실에 앉아
아저씨와 잡담을 하면서
CCTV 모니터를 보면

— 저 여편네는 맨날 주차를 저렇게 해
  주차 실력 어지간하네
— 402호 사는 저 아가씨는 재주도 좋아
  남자가 수시로 바뀌고 말이야
  이번에 데려다 준 저 녀석은 처음 보는 놈이네
— 저 아저씨 또 저기서 오줌싸네
  오늘도 술 잔뜩 처먹었구만

CCTV 모니터를 보면
흐릿한 화면만큼이나
사람들의 모습이 흔들리고
의심스럽다
다양한 보호관찰 대상자들은

제각각 카메라 아래에서
온몸을 드러내고
분할된 화면은 인생을 조각조각
들여다보고 있다

감기유감

며칠간의 감기는
코에서 목으로 왕복하며
목소리가
기억나지 않는 변성기를
맞이하고 있었다
콘택600 혹은 판피린을
조제하는 TV 앞에 앉아 있다가
소망약국 앞을 머뭇거리다
병원으로 향하는 것은
가운을 입지 않은 약사 때문이었을까
식당과 정육점 사이에서
약냄새를 풀풀거리지 못하는
옅은 기운 때문이었을까

녹색간판의 세지의원 2층 계단을 오르며
세지는 딸 이름일까
아내에게 감추고 싶은 첫사랑의

여자일까
힘없이 굽어지는 무릎이 관절염일까를
생각하며
손가락이 긴 의사를 만났다
감기 같은데요 순간, 아니다
감기 걸렸는데 라고 말을 했어야 했는데
스스로 진단하고 판단하는 것은
선고의 두려움을 베어내기 위함이다
두려움의 상처에
먼저
불을 지르고 맞불을 기다리는
이것은 소독이 아니다
온몸을 달구는
몸
살.
모두들 전염의 불덩이 하나씩 지니고 사는
사람들은
불신하지 않는 것은
죄라며
병원 복도에서 기침을 하고 있다
감기가 아닐지 모른다

계란프라이 레시피를 통해 본 詩論

후라이팬을 달구고
올리브 기름 몇 방울 떨어뜨리고
이십초쯤 지난 뒤
유정란을 깨뜨려
노른자가 터지지 않도록
익힌다

이것이 계란프라이 레시피라고 한다면

꽃이 핀다
개나리가 노랗게 핀다
목련이 처연하게 피었다 진다
벚꽃이 화들짝 떨어진다
어찌됐든 화무십일홍이다

이것을 봄날의 개화를 말하는 레시피라고 한다면
그리고 이것을 시라고 쓴다면

계란프라이

꽃의 개화

詩가 어떤 차이가 있을까

발문

분노와 욕망과 변화가 어울리는 약간 뻰뻰한 삼위일체

김병호(시인, 과학 저술가)

술은 왜 마시는가?

조금 말을 바꾸자면 왜 술자리를 만드는가? 술자리라는 단어 안에는 많은 어감들이 꿈틀거리고 있다. 처음 만나는 남녀의 시먹힘을 풀기 위해서 필요한 것이라든가 부부싸움의 당사자들을 불러낸 화해의 자리, 사업상 거래를 트기 위해 강제로 폭탄주를 돌리는 자리 등, 푸석한 인간관계에 기름칠을 하기 위해 마련하는 술자리가 대부분이다. 이들은 모두 술이라는 개념을 구성하는 다양한 요소들 중에 한

가지 효과를 이용하기 위한, 그러니까 술이 수단으로 작동하는 자리들이다. 그러나 흔히 주당이라고 불리는 사람들에게 술자리는 오로지 술을 마시기 위한 목적이 전부이다.

A와 B가 있다. 1년 평균 100회 내외의 술자리를 함께하는 이들의 목적은 오로지 술이다. 각자 집에서 혼자 마시거나 다른 모임에서 가지는 술자리를 제외하고 그렇다. 대략 8년 동안 이 평균을 고수하고 있는 이유 중에는 이 둘의 집이 아주 가깝다는 것도 큰 몫을 차지하지만 비슷한 연배, 비슷한 주량, 비슷한 주종 선호도와 더불어 비슷한 정치적 성향과 비슷한 관심사, 아직 019라는 묵은 휴대전화번호 앞자리를 고수하는 고지식한 양태가 둘 모두에 있다는 사실들이 복합적으로 작용한다.

그렇다고 A와 B의 외모나 성격이 닮았다거나 불알친구처럼 서로에게 막 대하는 사이도 아니다. 정리하면 오직 술을 목적으로 한 자리를 1주일에 2~3회 조용히 가진다. 지역 연고 야구팀이 꼴찌를 벗어날 수 있는 대안이나 현실 정치의 중장기적 개선 전략, 직장이나 지역사회에서 발생하는 소소한 사건사고 등을 화제 거리로 나누기는 하지만 이것들은 돈 안 드는 안주 이상의 가치는 없다. 그리고 술이 목적이되 자리는 길지 않게, 적당한 시간에 귀가함으로 다음 술자리에 대한 잠재적 반대자들에게 꼬투리를 제공하지 않는 노하우는 필수이다. 이는 장기적으로 술에게 자신의 비율을 조정할 수 있는 능력을 부여해 스스로 긴 생명력을 가지게 하는 일이다. 조금 이상한 결론이지만 그들은 술을 마시기 위해 술을 마신다.

다시, 왜 술을 마시는가?

— 속살거리는 분노의 경우

분노란 자유를 맛본 이에게만 주어지는 표식이며 주체적으로 사유하는 존재를 증명하는 증거이다. 육체적으로 노예 상태에 있다고 하더라도 분노를 가지고 있다면 그는 이미 노예가 아니다. 그래서 분노는 사유의 결과물이며 비판적 사유가 행동으로 옮기기 바로 전 단계에 나타나는 노골적인 징후이다. 노을이 한낮을 달구었던 태양이 사라지면서 내놓는 결실이자 동시에 다가오는 어둠의 척후인 것처럼.

그러나 분노를 가지고 있을지언정 현대 사회에서 소시민이 이를 표출할 수 있는 기회와 방법은 거의 없다. 누군가에 의해 원천적으로 봉쇄되었으며 또 통제되고 있다. 이런 사실은 분노의 올바른 생성과 표출이 사회적으로, 또 실존적으로 우리에게 얼마나 중요한 기제인지 반증한다.

그러나 안타깝게도 그들은 오로지 술을 마신다. 소소한 분노와 함께.

음식점에서 김치찌개를 먹는데
돼지고기를 민망할 정도로 가득 담아
내 앞에 놓아주던 사람
밥값을 내는 줄 알았는데
잘 먹었다는 인사를 먼저 건넨 놈
크림 스파게티가 맛있다며
우리를 2층 레스토랑으로 안내한 영업직 여사원
마담이 예쁘다며 비싼 술집에 데려간 뒤
꾸벅꾸벅 졸다가 사라진 새끼
발목의 푸른 핏줄이 투명하고
구두 위로 드러난 복사뼈가 예쁜 어떤 여자
횡단보도 앞 은행나무 아래에서
악수를 했던 가발 쓴 남자

사무실 책상 한구석 쌓여 있는 명함 사이로
떠오르는 사람은
열에 두셋쯤
누굴까 누굴까
고개를 갸웃거리다가

휴지통에 떨어지는 낙엽
창 밖 횡단보도 앞 사람들 발밑에
노란 은행잎이 널려 있다

—「명함」 전문

시인이 가진 분노의 통점은 아주 작고 예민하다. 모두가 겪었을 일이지만 대부분 입에 올리지 않기에 잘 잊히지 않는, 자잘하지만 서로의 존재를 인정하는 방법들을 살짝 퍼 올려 내비친다. 그러자 어울리지 않게도 분노는 속살거리기 시작한다. 예쁜 마담을 미끼로 비싼 술집으로 이끌었던 이가 '졸다가 사라진 새끼' 로 변화하는 과정에서 읽는 이도 함께 홍분지수가 올라가지만 다음 순간 그는 '노란 은행잎' 으로 바닥에서 몸을 뒤챈다. 분노가 남긴 명징한 각인이자 산화(散花)이다. 그런데 엘리베이터 안에서 또 하나의 분노를 만난다. "타자마자/ 핸드폰을 꺼내고/ 5층 올라가는 중이라고 말하는 순간/ 7층이라며 수정하고/ 11층이라고 말하는 순간/ 10층에 섰다며 생중계를 하는 아줌마" (「公衆道德詩 1 —엘리베이터에서」 부분)

여기서 만나는 분노의 기준은 사회적 윤리라고 부르는 그런 일반적인 것으로 규정할 수 없다. 존재는 서로가 존재임을 확인해줄 때 완성된다. 그렇기에 이 시편들에서 드러나는 분노의 기준은 존재로 남을 수 있는 생존과 공존의 원칙이다. 이것이 지켜져야만 우리는 함께 호흡할 수 있다. 따라서 이제 분노는 존재로서의 원칙을 지키기 위한 자각 증세로 거듭난다.

「어느 날 고궁을 나오면서」 "왜 나는 조그만 일에만 분개하는가/……떨어지는 은행나무잎도 내가 밟고 가는 가시밭/……모래야 나는 얼만큼 적으냐/ 바람아 먼지야 풀아 나는 얼만큼 적으냐/ 정말 얼만큼 적으냐"라고 작은 것에 분노하는 스스로를 자조했던 김수영을 우리는 이미 경험했다. 그의 분노에 우리가 공감했던 것은 먼저 자신의 치부를 관통하는 자각의 과정을 거친 분노이기 때문이다. 그리고 오늘 우리와 동시대를 사는 시인은 분노의 작동 방식을 판이한 것으로 뒤바꾼다. 그것은 바로 웃음이다.

욕을 하거나
주먹으로 문을 치다가
발을 들었는데
찰 것이 마땅치 않다

굳건한 철제 책상
며칠째 물을 주지 않아
목을 길게 빼고 있는 蘭
2초 남짓 들었던 발은

잠시나마 분노를 분석한다
발이 본 것은 단단하게 서 있는 책상과
가냘프게 연명하는 잎새

화가 발로 향할 때
판단하고 사유하는 발
세상의 씨발이 그렇게 태어났다

—「화」 전문

분노가 작동하고 있다. 아마도 아무도 없는 방이었을 것이다. 욕을 하면서 주먹으로 문을 쳤으니. "찰 것이 마땅치 않" 은 발이 "굳건한 철제 책상" 에 기가 죽었다가 눈 돌려 다시 목마른 난과 가냘프게 눈 마주쳤으니, 그리고 사유하기 시작했으니 분명 다른 사람이 없는 방이었을 것이다. 작은 것에 분노할 줄 아는 사람은 작은 것을 배려할 줄 알기에 누군가에게서 분노를 선물 받은 화자는 그 방에서 분노와 단둘이었을 것이다. 그렇게 강한 것(철제 책상)과 가냘픈 것(난) 사이에서 분노는 머문다. 우리들의 분노는 강한 것과 정면으로 부딪혀 서로를 분해하려는 것이 아니라 뒤틀어진 것을 제자리로 되돌리기 위한 것이다. 다시 우리들의 분노는 약하고 처연한 것 앞에 섰을 때 봄볕에 드러난 서리처럼 소리 없이 사라질 줄 아는 무엇이다. 그래서일까? 이렇듯 분노와 단둘이 선 어떤 발은 새로운 세상의 '씨' 가 되는 '발' 이 되었으며 이는 다시 세상의 시발(始發)이기도 하다.

웃음을 섞어냄으로 시인은 대상과 적절한 거리를 유지하고 다양하게 시적 정서를 변주할 수 있는 공간 또한 마련하고 있다. 아니 그 역일 수도 있다. 허한 공간이 먼저 있었고 그 안에서 거리를 두고 시적 대상을 바라볼 때, 시적 대상의 유전자에 새겨져 있던 웃음이라는 요소가 스스로 자신을 드러내기 시작했을 수도 있다. 그렇다면 모든 존재의 근원에는 웃음이 새겨져 있다는 깨달음이 있었기에 이런 시편들을 발굴할 수 있었을 것이다. 모든 귀금속과 보석들도 원석에 작은 조각으로 박혀있던 과거를 가지고 있으니까.

특허 받은 위장약 겔포스는
인산알루미늄겔과 수산화마그네슘
시메티콘과 파라옥시젠조산메틸이 주원료이다
이름도 생소한 것들이
사람 속을 어찌 알고 달래는 것일까
보듬고 어루만지며
속을 달래는 하얀 액체는
아침 공복의 고통을 다루는

기술이 탁월하다
속 쓰린 사연들을
어떻게 아는지

—「속」부분

인디밴드 장기하의 싸구려 커피가 인기란다
독립영화 워낭소리가 인기란다
인디포엠
독립시라는 말을 들어본 적 없는
나는 지방주재시인이다
소주잔 기울이며
아무도 알아주지 않는
그저 술이나 축내는
동네시인 몇몇은
간간이 낡은 술집 주인과 농담을 하며
변방의 영토를 안주 삼는다
가끔 슈퍼마켓 앞에 앉아
캔맥주를 마시고 있으면
길 가는 낡은 술집 주인이 합석한다
지방주재시인의 유일한 독자는
반겨주는 술집 주인뿐,
술집 주인마저 제 술집을 뒤로하고

거리의 파라솔 아래 앉아있는
이곳은 지방이다

—「지방주재시인」 전문

이제 우리는 속살거리던 분노가 잦아들 때 찾아오는 여운과 대면하고 있다. 그런데 그 여운은 깊고 깊었던 술자리 다음날의 증상과 똑같다. 속쓰림이다. 들끓었던 한 순간의 여운으로 치자면 적잖이 비참해지기는 하지만 특출한 방도는 없다. 이때 필요한 위안은 겔포스에 맡기는 수밖에. 이름도 복잡한 몇 종류의 화합물이 "속 쓰린 사연들을" 어떻게 아는지 궁금하다고 화자는 능청을 부리지만 우리는 백번 이해한다. 사람의 속을 가장 모르는 부류가 사람이라는 사실을, 아니 알지언정 외면하는데 익숙한 부류가 사람들이라는 사실을. 그렇기에 겔포스는 우리에게 깊은 위안과 동의어이다.

이 시편들을 만나는 동안 우리의 입꼬리가 살짝 말려 올라가 있음을 발견한다. 이것이 웃음이기는 하나 함박웃음은 아니고 즐겁기는 하되 순백의 즐거움이 아닌 이유는 작은 웃음들이 기실 페이소스를 품고 있기 때문이다.

"독립시"라니? 여기서 쓰이는 독립이라는 말은 자본과 연결이 약하다는 뜻이다. 이윤을 만들기 위해서 돈뭉치가 다니는 길에서 멀찌감치 떨어져 있다는 '독립'의 뜻을 그대로 시에 적용한다면 모든 시는 "독립시"이다. 모든 시인은 '독립시인'이다. 그렇기에 이 시의 배후에 앉아 있는 분노는 이미 싸늘히 식은 암흑물질 같은 것이다. 그런 분노는 이제 처연하다 못해 차라리 살갑다. "그저 술이나 축내는/ 동네시인 몇몇"이라고 해서 뜨거움이 없지 않았다. 그것은 소통에 대한 욕망이었고 피워보지도 못한 욕망이 꺾이는 순간 분노로 타올랐을 터였다. 분명 아주 오래전의 일이었을 뜨거운 분노는 지금 보이지도 느끼지도 못하는 암흑물질로 졸아들어 우주의 어느 변방을 떠돌고 있다. '지방'이라는 위치 지시어는 이 연소의 과정에서 강력한 촉매로 작용했을 것이다.

지방의 어느 슈퍼 앞 파라솔에서 작은 술집의 주인과 캔맥주를 나누고 있는 사람을 만나면 슬쩍 물어보자. "우리나라에서 유일하게 독립시를 쓰시는 지방주재시인 아니신가요?" 그는 살짝 불순물 섞인, 의뭉한 웃음을 지으며 대답한다. "그럴지도 모르죠. 아니면 말구요."

— 미지근한 욕망의 경우

밤늦게 개가 짖는 것은
담을 넘는 도둑 때문이 아니라
가끔씩

담 옆의 두런거림이
포옹으로 바뀌는
격정의 풍경 때문임을,
어둠을 가르는 칼날의 도마질 같은
여자의 구두소리가
말줄임표로 찍히는 자정 이후
오래된 골목은 알고 있을 것이다
밤늦게 개가 짖는 이유를

—「개가 있는 골목」 전문

한참동안 눈을 붙들고 있는 이 시의 매력은 어둠 속에서 드러나는 너무도 선명한 그림이 있어서이고, 귓가를 떠나지 않는 오랜 잔향을 가진 소리들이 있어서이기도 하지만 무엇보다 오래된 욕망의 체온을 전달하고 있기 때문이다.

아마도 이끼 낀 보도블록이 깔린 담 낮은 골목일 것이다. "도마질 같은" 구두소리가 골목의 입구로 들어서더니 정확한 리듬으로 다가온다. 욕망의 크레센도. 어떤 욕망이 이 육감적인 소리를 따르고 있다. 절정의 순간, 개는 짖는다. 조금 전, 어둠에 기대어 선 젊음이 격정적인 포옹을 나누고 아쉽게 헤어진 담 너머에도 개가 있다. 그러니까 개가 짖는 이유는 격정에 놀라서이고 정적에 지쳐서이다. 개가 짖자 구두소리는 멀어진다. 데크레센도는 말줄임표로 변하고 어둠만 남는다. 이 모든 풍경의 중심에 미지근하게 식어가는 욕망의 관찰자가 있다. 시인 특유의 유머가 탈수된 이 시는 그러나 팽팽한 긴장으로 그 자리를 대신하고 있다. 하나의 격정과 구두소리, 개와 관찰자 모두가 등거리에서 팽팽하게 서로를 잡아당기고 있기에 다음 쪽으로 책장을 넘기기 쉽지 않다.

달리고 싶어
온몸을 끌어안고
세상의 온갖 바람을 막아주는
자기의 넓은 등짝

믿을 수 있는 것은
자기의 허리와
당신 자기의 볼록한 가슴뿐

—「내가 오토바이를 사고 싶은 이유」 전문

이 시는 시인이 가진 욕망의 온도가 서 있는 눈금의 숫자이다. 피가 뜨거운 청년은 오토바이에서 질주를 읽는다. 속도로 왜곡된 세상이 소실점으로 사라지면서 다가오는 다른 세상을 꿈꿀 것이고 전방에서 들이치는 바람으로 들끓는 체온을 식히기 위해 두 개의 바퀴 위에 올라탄다. 그러나 지금 화자에게, 중년의 화자에게 오토바이는 "달리고 싶어" 보다 "온몸을 끌어안고" 쪽으로 자신의 무게를 싣고 있다. 화자는 자신의 등짝이 넓었으면, 이라고 바라고 있으며 그 등짝을 지긋이 눌러줄 "볼록한 가슴"을 유인하는 것은 다름 아닌 오토바이이다. 이쯤 되면 욕망은 순하고 미지근하다. 이렇게 미지근한 욕망의 소유자들, 우리들은 그래서 술을 마신다. 식어가는 욕망을 데우기 위해서 마시고 떨어지는 온도를 잊기 위해서 마신다.

불과 10센티미터 높이로
물을 쏘아 올리는 너는
변기 밖으로 튀어나가지 못하고
늘 항문 언저리에 부딪히며 흩어지는 운명이다
변기에 앉아 노래를 부르면
공원의 음악분수가 되고
유연하게 떨어지는 포물선이 되고
가끔은 처마 밑
물방울의 여운을 그리워하는
너는 10센티미터 분수다

—「비데의 꿈」 전문

어쩌면 당연한 일이다. 식어가는 욕망의 온도를 짚어본

사람에게 벗어나지 못하는 비데의 물줄기가 분수로 오버랩 되는 상황 말이다. 이 소소하지만 처연한, 그러나 변기 안에 머무는 물줄기 사이즈와 같은 작은 웃음을 머금을 수 밖에 없는 장면을 보면서 우리는 욕망이란 진정 무엇인지 곱씹게 된다. 그 순간 만나는 그림,

> 에스컬레이터를 나란히 타고
> 그녀의 허리를 감싸 안은 그놈이
> 간간이 그녀의 엉덩이를 쓰다듬으며
> 바라보고 있는 건
> 다섯 계단 앞에 서 있는
> 짧은 치마의 눈부신 하반신이다
>
> —「계단의 연애와 에스컬레이터의 애무」 부분

시는 애써 욕망을 정의하려하지 않는다. 다만 그윽하게 욕망의 운동법칙을 바라보면서 그 정체를 가늠한다. 그것은 비데 안의 분수처럼 경계의 너머를 갈망하는 본능을 가지고 있다. 더 먼 것, 더 잡을 수 없는 것을 향하는 목마름이 그것의 본능이며 한곳에 머물지 못하고 끊임없이 다음 징검다리를 향해 움직이려는 성향이 그것의 운동법칙이다. 다만 움직이는 방향에 대해서 스스로 무관심할 뿐이다.

뉴턴은 중력의 실체가 무엇인지 알지 못했지만 중력의

효과를 관찰하면서 중력이 어떻게 작용하는지를 정확한 방정식으로 표현했다. 이 시 또한 항상 들끓으면서 어디로든 흘러가려 하는 욕망의 현상을 풀이한 예리한 예시이다. 화자는 쌉쌀한 질투와 뜨듯한 분노가 결합된 시선으로 이들을 따라가고 있다. 이제 욕망의 썰물이 지나는 자리와 만난다.

커피를 마시며 담배를 피운다
커피를 다 마시고 난 뒤
빈 컵은 재떨이가 된다
재를 털고
회색빛 짙은 가래를 뱉고
가끔은 이쑤시개를 넣거나
껌을 뱉는다

버려지는 것들을 담아서
또다시 버려지는 종이컵
종이는 젖고
컵은 구겨진다

—「종이컵」 전문

(……)옆자리에 앉아 있는 상규는 물수건으로 맨발을 닦

는다 발가락 사이사이 꼼꼼하게 앞에 앉은 동식이는 넥타이를 풀고 모가지를 닦고 이어서 이마를 닦고 이어서 귀를 닦다가 물수건 하나를 더 달라며 소리쳤다. "두 개요" 상규가 조금 나직한 목소리로 후렴구를 달았다 흘낏 쳐다보는 아줌마는 여러 개의 물수건으로 식탁을 닦고 있었다

—「삼겹살집 손수건」 부분

버려진 것과 버려진 곳, 욕망이 찌꺼기들을 감싸고 식어가는 자리를 한걸음 떨어진 곳에서 눅눅한 시선으로 바라보는 이가 있다. 한때 커피를 담았던 뜨거운 몸은 재를 받아내고 가래와 이쑤시개와 껌을 끌어안고 초라하게 구겨진다. 이 스러짐에 주목하는 일이야말로 시인의 몫이다. 때묻은 모가지와 발가락 사이를 깨끗이 닦고 음식물로 너저분한 식탁을 제 몸으로 훔치고 있는 물수건들에게 표백제가 희망이 아니라는 사실을 누군가는 아프게 말해야 하기 때문이다.

뜨거운 것은 그것대로 자신의 온도에 대한 당위를 가지고 있지만 식어가는 것에는 이유가 없다. 그렇기에 시인이 주목하는 부분은 '식은 자리에 무엇이 남는가' 가 아니라 '어떻게 식어야 하는가' 라는 과정이다. 이 과정에 대한 성찰이 중요하게 다가오는 까닭은 삶의 오르막길에서 '왜' 라는 질문이 우리를 괴롭혔다면 정상의 고비를 넘자 '어떻

게' 라는 물음이 맞바람으로 얼굴을 때리고 있기 때문이다. 어쩔 수 없이 우리는 주변을 두리번거린다.

길 위에서 다른 길을 찾으려는
수상한 의도와
또 다른 풍경을 그리워하는 마음까지
금세 눈치를 채고
그녀는 항상 반듯한 목소리로
수정지시를 한다
내가 보는 거의 모든 풍경 아래에는
그녀의 목소리가
다큐멘터리 성우처럼 또박또박 흐른다

—「반듯한 그녀의 이름은 내비게이션」 부분

사실 욕망은 정체를 가지고 있다. 생존이다. 개인과 종의 생존을 위해 모든 유전자에는 욕망이 각인되었다. 욕망은 삶을 끝까지 밀고나기 위해서 우리 안에 밀봉된 꺼지지 않는 로켓이다. 바로 생존의 추동력이다. 이 사실은 가치판단의 대상이 아니다. 그러나 욕망의 잔가지에서 만나는 삶들은 말 그대로 선택의 숲이다. 우리가 두리번거리는 이유는 가능한 한 많은 과정을 원하지만 선택은 제한되고 욕망은 통제되어 있기 때문이다. "내가 보는 거의 모든 풍경 아래에는/ 그녀의 목소리가", "수정지시를 한다" 네비게이션에서 흘러나오는 반듯한 그녀의 목소리는 바로 타자화 된 자아이다. 이렇게 사회적 억압의 기제는 또 다른 자아를 통해서 제한과 통제를 행하고 있다. 이런 현실을 넓은 시각으로 통찰할 수 있을 때 네비게이션 안에 있는 여자를 살갑게 비틀어 볼 수 있으며 편안하게 무시할 줄도 안다.

— 진보라 말할 수 없는 변화와 맞닥뜨린 경우

이런 편안함은 서두에서 A라 불렀던 시인 정덕재가 시를 대하는 자세에서도 읽을 수 있다. 그는 1993년, 스물여덟의 나이에 경향신문 신춘문예로 등단한다. 시의 시대라 불리던 시절, 문단에 이름을 건 기쁨과 열정은 본인이 아니더라도 얼추 짐작할 수 있는 것이다. 그런데 촉망받던 시인은 19년이 지난 2012년에야 첫 시집을 낸다. 이쯤에서 우리의 통속적 상상력은 팽팽해진다. 그는 여하한 이유로 시로부터 깊은 배신을 당했으며 거기서 헤어 나오는데 근 20년이 필요했는가? 아니면 그 시간동안 문학에만 작용하는 희귀한 기억상실증과 투병 중이었는가? 깊은 사정이야 알 수 없지만 그간의 술자리는 몇 가지를 추측하게 한다.

그것은 편안함일 것이다. 세상을 바라보는 시인 특유의 느긋한 시선은 스스로 'B급 정신' 이라고 부르는 '아니면 말고' 방식이다. 물론 시를 쓰는 사람으로 시를 통해 이루고 싶은 무엇이 없다는 말은 거짓이다. 다만 시로 무엇에 다가갈 것이며 어떻게 이룰 것이냐의 차이가 있을 뿐이다.

> 길을 걷다가
> 무심코 걷어찬 돌멩이
> 다섯 발자국쯤 굴러가는 동안
> 돌 틈에서 작은 회오리바람이 분다
> 길 위에 남겨진 사연들이
> 회오리와 함께 섞여가며
> 돌은 더욱 단단해진다
> 단단해질수록
> 길보다 긴 생애는 자꾸만 뒤를 돌아보고
> 바람보다 가벼운 돌멩이
> 바람의 힘으로 굴러간다
>
> —「돌 속의 바람」 전문

그에게 시가 이런 것 아니었을까? "길 위에 남겨진 사연들이/ 회오리와 함께 섞여가며" 더욱 단단해진 돌, 그 돌은 "바람보다 가벼운 돌멩이/ 바람의 힘으로 굴러"가는 것. 그래서 "길보다 긴 생애"를 "자꾸만 뒤를 돌아보"게 만드는 것 말이다. 이럴 때 시는 시인의 인생 밖으로 떠나지 않으며 또 생의 한가운데에서 강박으로 작용하지도 않는다. 그렇기에 시인과 시는 오랜 시간 저만치서 서로 그냥 바라보고 있었을 것이다.

또 하나의 가설. 시인에게 시가 이럴진데 시와 시인이라는 이름을 대단하게 포장해 다른 목적으로 이용하는 꼴값들을 견디기 힘들었을지도 모른다. 이런 부류는 사실 생각보다 많아 종종 부딪치곤 하는데 짧지 않은 시간동안 대학에서 보따리 장사(다들 알겠지만 시간강사를 말한다)를 했던 시인에게는 더욱 견디기 힘든 상황이 아니었나 하는 추측도 해본다. 이런 성향은 시집을 읽으면서도 확연히 느낄 수 있다. 곳곳에서 드러나는 과잉에 대한 경계가 그렇고 아는 체하는 호들갑은 어디에서도 찾아볼 수 없는 점이 그렇다. 이 두 반감은 거의 강박적으로까지 느껴지기에, 그래서 오랜 시간 시가 안쓰러웠을 수도 있다.

그런데 시인에게 변화가 일었다. 시집을 엮기로 한 것이다. 어떤 의심스러운 것이 시인의 말문을 텄을 것이다. 주변의 변화이다. 시인은 항상 의심해왔다. 변화의 속도가 의심스럽고 변화의 내용이 마뜩찮고 변화의 뒷맛이 개운치 않다. 진보가 아닌 변화들이 그것이다.

남녀노소 할 것 없이
고개를 숙였던 시대가 언제였던가

일제강점기 폭압 앞에서도
고개를 숙이지 않고 세수를 했다는 기개는
어디 갔는가

고등학교 때
화장실에서 담배를 피우다 들켜
몽둥이를 든 선생 앞에서
잠시 고개를 숙였거나
대학 때
미팅에 나온 여대생 발톱에 칠해진
검정색 페티큐어를 흘낏거리느라
잠시 고개를 숙였거나

남녀노소 할 것 없이
고개를 숙인 채
묵상도 아니고
겸손도 아닌
포즈로 바라보는 건
내 몸의 일부인 휴대폰이다

—「고개를 숙이다 2」 전문

현대사회에서 휴대전화는 이미 인간에게 닥친 하나의

진화로 회자된다. 이미 휴대전화를 인간 몸의 일부로 인정하고 있기 때문에 진화라는 단어를 적용하고 있다. 그러나 시인에게는 의심스러운 변화일 뿐이다. "고개를 숙인 채/ 묵상도 아니고/ 겸손도 아닌/ 포즈로" 모두들 뚫어져라 휴대전화를 바라본다. 인류가 직립보행 이후, 자신의 목을 자발적으로 꺾는 방향으로 진화를 진행하면서까지 소통에 목맨 시기가 있을까? 그래서 이들은 진정 소통하고 있는 것일까? "목이 없는 외계인들이 도시를 점령한 듯/ 거리에는 고개를 숙인 사람들이 무수히 떠다"(고개를 숙이다 1)니는 상황을 "SK와 KT와 LG가 규명"하고 책임질 수 있을까?

숙소에 도착해
가장 빨리 확인하는 것은
특산 별미나
볼만한 관광명소가 아니라
휴대폰 충전기를 꽂을
플러그 숫자다

—「고개를 숙이다 3」 부분

이어서 우리가 추구하는 소통은 충전기의 숫자로 완성되는지, 휴대전화를 놓고 나오면 모두 "디지털 치매"(고개를 숙이다 5)에 걸리는 증상은 어떻게 치유할 수 있는지, 묻고 있는 동안도 시의 행보는 가볍다. 그러나 피부로 육박해오는 질문은 아프기에 자꾸 다음 시를 읽는 속도가 느려진다.

자 이제 그럼 우리는 어떻게 해야 하는지 묻고 싶다. 이처럼 시대와 인간의 변화에 대해 비판적인 시각을 우리는 「고개를 숙이다」 연작에서 시로 경험했고, 더욱이 다른 이들에게서 찾을 수 없는 살갑고 유머러스한 시선으로 읽었다면 이제 다음은 무엇인지, 무책임한 질문이지만 그래도 묻고 싶다. '우리는 어떻게 해야 하지요?' 서로에게 물어야 한다. 그래서 저녁이면 비가 내리고 그래서 누구는 술집에 자리 잡는다.

술이 이어지는 이유

시인 정덕재는 시로 뭔가 큰 해석을 시도하지 않는다. 뭔가 깊게 각성한 것을 큰 소리로 말하려 하지 않는다. 그래서 뭔가 넓게 번지게 하려는 의도도 찾을 수 없다. 이것이 그가 말한 '아님 말고 정신' 이다. 그러나 우리가 알고 있는 것이 있다. '비데의 꿈은 분수' 라는 사실을 알아챈 건 전날 깊은 술자리로 아리게 고생하고 있었을 항문이라는 사실이다. 그가 몸으로 시를 쓴다는 증거이다.

목숨 거는 듯한 비장미는 일찌감치 골목에서 외롭게 짖는 개에게 주어버린 그이지만, 모든 근육에서 힘이란 힘은 다 빼버리고 가벼운 행보로 시를 쓰고 있지만, 그것이 몸으로 시를 쓰는 또 다른 방법이라는 사실을 우리는 첫잔의 쌉쌀함이 목에 이르기 전에 느낄 수 있다. 살짝 흐느적거리는 아웃복서처럼 시에서도 힘을 빼면 새로운 자유를 만난다. 그가 말한다.

"아이 뭐, 시가 뭐 대단한 것두 아니구, 좋은 시 나쁜 시가 어디 있어요? 그냥 봐서 좋음 좋구 아님 말구, 그러는 거지."

이런 그의 말을 빌미로 시집 뒤에 붙이는 이 글을 '나는 이렇게 맛보았다'는 소소한 독백처럼 여기며 썼다. 글을 청한 시인도 뭐 그리 큰 기대는 하지 않았으리라 믿는다. 그러나 사실 여부는 저녁에 한 잔하면서 직접 확인해봐야 알 일이다.